✴

Les « FOURGONS DE L'ÉTRANGER »

Et « LE COUP » de 1814

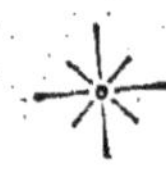

✴

Conférence de M. LE BRETON

5 Mars 1910

ACTION FRANÇAISE

SECTION DE LA MAYENNE

Les « FOURGONS DE L'ÉTRANGER »

Et « LE COUP » de 1814

Conférence de M. LE BRETON

5 Mars 1910

Les « Fourgons de l'Etranger »

Et « le Coup » de 1814

— Vous ne parviendrez pas à faire accepter la dynastie des Bourbons.... La façon dont leur Restauration s'est accomplie au début du XIXᵉ siècle les a disqualifiés : ils sont revenus... avec l'invasion !... dans les fourgons de l'Etranger !!... Cela ne leur sera jamais pardonné !!!

Tel est, Mesdames et Messieurs, le boulet de quarante-huit que l'on vous a certainement lancé parfois à la figure, dans le dessein de jeter en votre esprit un doute sur l'honneur politique des princes de la Maison de France.

L'attaque, il faut le reconnaître, est merveilleusement perfide ; mais il faut voir aussi tout ce qu'elle contient de sottise.

J'estime qu'on peut tout d'abord y répondre ceci :

Oui, les Bourbons sont rentrés en France en même temps que les armées étrangères. Mais êtes-vous donc incapable de faire le départ entre deux faits consécutifs ? Vous réprouvez la Restauration parce qu'elle a été immédiatement précédée de l'invasion ? Réprouvez-vous aussi la visite du médecin parce qu'elle est précédée des souffrances du malade, ou l'arrivée des pompiers parce qu'elle est occasionnée par un sinistre ? Direz-vous aussi que les pompiers sont venus dans les fourgons de l'incendie !...

Si maintenant il faut peser avec quelque précision l'accusation dont les Bourbons sont l'objet, c'est aux faits qu'il importe de revenir d'abord, car des faits doit se dégager une conclusion claire.

Je ne parlerai que de la première Restauration. Le temps man_querait pour aborder le récit de la seconde qui nous conduirait plus impérieusement — s'il est possible — à ma conclusion d'aujourd'hui, à savoir :

Les Bourbons ne sont pas revenus dans les fourgons de l'Etranger. Ils sont revenus malgré l'Etranger. Ils ont été rappelés et imposés à l'Etranger par des Français. Les circonstances ont fait que Louis le Désiré fut plus encore Louis le Nécessaire.

LA CHUTE DU « SOLDAT PARVENU »

Au mois de juin 1812, les nations continentales étant liées par le blocus qui leur interdisait toute relation commerciale avec l'Angleterre, le czar Alexandre de Russie autorisa l'importation sous pavillon neutre des denrées coloniales dans les ports de son Empire.

On s'imagine l'effet produit sur Napoléon par cet acte d'indépendance, la vigueur avec laquelle il fit entendre ses protestations.

Il arriva ce qui par la force des choses devait fatalement arriver un jour : le czar ne s'émut pas et, imperturbable, il répondit en interdisant l'importation en Russie des objets de luxe : soieries, bronzes, porcelaines, c'est-à-dire des produits français. Il fit mieux, il frappa les vins de droits énormes.

— J'aimerais mieux recevoir un soufflet que de supporter un pareil affront, s'écria l'empereur.

Alors, pour venger l'affront, il créa ce vaste établissement militaire qui comprit 356 mille Français et 322 mille étrangers, couvrit l'Europe de Madrid à Dantzig et fut appelé : la Grande Armée.

On sait le reste : l'invasion de la Russie, l'incendie et la reprise de Moscou par les Russes, la retraite et tous ses drames.... Le 16 décembre 1812, la Grande Armée repassait le Niemen, tandis que 243.600 cadavres de ses soldats gisaient sur le blanc linceul des steppes de Russie.

Il y avait les cadavres, mais il y avait aussi les prisonniers.

En rentrant se chauffer aux Tuileries, Napoléon ne sembla pas se préoccuper beaucoup de leur sort. Pourtant le czar reçut bientôt une lettre demandant pitié pour eux et le suppliant de pourvoir à leur abri et à leur nourriture.... Cette lettre n'était pas de Napoléon..., elle était de Louis XVIII, qui exprimait son chagrin et disait qu'il ne pouvait supporter de savoir ses enfants abandonnés dans de si affreuses souffrances.

Les rares Français qui purent connaître cette lettre firent des comparaisons entre l'empereur et le roi exilé.

Veut-on savoir maintenant comment on juge ce geste si noble du roi de France dans une publication conservatrice ?

« Louis XVIII, dit-on, esquissa une parade à effet. Ce Bourbon bel esprit ne pouvait manquer une si belle occasion d'écrire. »

Cet écrivain, penserez-vous à votre tour, Mesdames et Messieurs, ne pouvait trouver une plus mauvaise occasion de manifester son parti pris hargneux.

En France, l'impression causée par le désastre de Russie fut traduite par ce mot prêté à M. de Talleyrand : *C'est le commencement de la fin.*

En Europe, ce fut une explosion de haines contre Napoléon dont le prestige était détruit, de rancunes contre les conquérants révolutionnaires.

Après l'Espagne en 1808, après la Russie en 1812, voilà que l'Allemagne se mettait en état d'insurrection nationale contre l'oppresseur et résolument s'alliait à la Russie.

Napoléon fit tête à l'orage, mais la victoire en se posant sur ses aigles à Lutzen et à Bautzen allait lui attirer sur les bras un nouvel adversaire et renforcer la coalition.

En effet, l'Autriche, pour laquelle Metternich avait trouvé l'habile attitude de la neutralité armée, comprit que l'heure décisive était sonnée et que si elle laissait définitivement écraser les forces russes et prussiennes combinées, Napoléon allait se retourner vers elle et lui poser cette alternative : Etes-vous mon alliée ou bien êtes-vous l'ennemie qu'il me reste à combattre ?

Sur l'initiative de l'Autriche on négocia donc à Prague.

Les puissances demandèrent à Napoléon de renoncer aux cités commerciales du Nord-Ouest de l'Allemagne, de ratifier la reconstitution de la Monarchie prussienne, la dissolution de la Confédération du Rhin, et enfin le retour à l'Autriche des provinces illyriennes.

Le 28 juin 1813, Napoléon rencontra Metternich à Dresde, et c'est là qu'il lui dit ces paroles qui méritent vraiment d'être recueillies par l'Action Française :

« Vos souverains qui sont nés sur le trône ne peuvent com-
» prendre les sentiments qui m'animent. S'ils retournent vaincus
» dans leurs capitales, ils ne sont rien moins que ce qu'ils
» étaient auparavant. Mais moi, je suis un soldat parvenu, *j'ai*
» *besoin* d'honneur et de gloire. *Il faut* que je reste grand et
» admiré. *Je ne peux pas* me montrer affaibli au milieu de mon
» peuple. »

Puisque, pour Napoléon, céder quelque chose c'était déchoir,
il fallut rompre les pourparlers et recommencer la lutte.

Le 18 octobre, l'armée de Napoléon, après deux jours d'efforts,
était écrasée à Leipzig.

Ce fut, hors de France, l'effrondrement de l'édifice impérial.

Voilà donc les alliés venus de l'Oder au Rhin.

Une nouvelle chance de salut allait s'offrir à Napoléon.

Sur la demande de Metternich, les puissances lui firent en effet
de nouvelles ouvertures : Limiter la France par le Rhin, les
Alpes et les Pyrénées, telle fut la proposition soumise à l'empereur à Francfort.

L'empereur répondit en demandant à son Sénat l'appel de
300 mille hommes sous les drapeaux.

Les alliés, comme on le pense bien, n'attendirent pas l'enrôle-
ment de ces 300 mille hommes, et le 1ᵉʳ janvier 1814 l'invasion
commença, au moment où l'armée de Napoléon était en pleine
période d'organisation défensive.

La France n'en pouvait plus.

La levée de 300 mille hommes ne donna que 63 mille soldats.
Les dépôts étaient aussi dépourvus d'armes que de chevaux....
Abrégeons les statistiques; elles sont lamentables.

Le général Preval, commandant le dépôt de Versailles, écrivait : Il vient de m'arriver une compagnie de chasseurs à laquelle il manque tout.... moins les gilets et les pantalons d'écurie.
J'ai 9.786 hommes et 6.284 chevaux.

Le dépôt de Paris comptait 9.195 hommes et 6.600 fusils....
Celui de la 16ᵉ division 15.700 hommes et 9.500 fusils.... Le
8ᵉ cuirassiers avait 92 sabres pour 154 hommes.

On en est réduit à recourir aux fusils des gardes nationaux
de province.

Même pénurie à l'habillement.

L'empereur prescrivit d'employer les capotes et les shakos des
prisonniers. Mais Clarke, le ministre de la guerre, après avoir
tenté l'expérience, dut y renoncer, tant la vermine infectait ces
capotes et ces shakos.

Les malheureux conscrits qui arrivaient ne trouvaient à qui

s'adresser. Ils n'avaient ni gîte ni nourriture. Les officiers et sous-officiers, trop peu nombreux, étaient sur les dents.

Au dépôt de Courbevoie, dit le général Hullin, on n'entendait que cette phrase, criée de tous les coins : Fichez-moi le camp ! Je n'ai pas le temps de m'occuper de vous.

L'empereur, comme s'il eût été poursuivi par l'idée de dégager sa responsabilité en ces jours d'angoisses nationales, ne cessait de répéter : Pourquoi m'a-t-on caché l'état des magasins ?... Pourquoi m'a-t-on caché l'état des arsenaux ?

Enfin, bravant les réalités, il partait pour rejoindre l'armée le 25 janvier à 4 heures du matin, après avoir confié l'impératrice et le roi de Rome à la garde nationale au cours d'une cérémonie dont la mise en scène avait été soigneusement réglée par Talma... prétendit-on alors.

L'ennemi l'avait devancé.

L'armée russe, sous Wintzingerode, s'avançait sur l'Oise. L'armée prussienne, sous le vieux Blucher, s'avançait sur la Marne. L'armée autrichienne, sous Schwarzemberg, marchait sur la Seine. Les troupes anglaises, sous Wellington, passaient les Pyrénées.

Bref, 500 mille étrangers foulaient le sol de la patrie et ne trouvaient devant eux que 80 mille soldats de Napoléon.

Le 5 février, après l'affaire de la Rothière, Napoléon écrivait à Caulaincourt : « Vous devez accepter les bases d'un traité de paix.... si elles sont acceptables.... Dans le cas contraire, nous courrons la chance d'une bataille..., même de la perte de Paris et de tout ce qui s'ensuivra. »

Les conditions des alliés avaient été plus dures à Francfort qu'à Prague. Elles furent plus rigoureuses encore à Châtillon qu'à Francfort.... Qui s'en étonnerait ? Telles sont les lois de la guerre.... Les alliés avaient éprouvé des pertes énormes. Une campagne si longue, si meurtrière, qui leur laissait l'avantage du nombre, devait les inciter à se montrer implacables : ils n'y manquèrent pas.

Or, à Châtillon, ce n'étaient plus le Rhin, les Alpes et les Pyrénées qu'ils voulaient nous donner comme frontières. Pour conclure la paix ils exigèrent que la France rentrât dans ses limites de 1790.

— Je suis si ému de cette infâme proposition, répondit Napoléon à son ambassadeur, que je me crois déshonoré rien que de m'être mis dans le cas qu'on me l'ait faite.

Alors, ce fut la campagne de France, Napoléon se débattant contre son destin ; ses manœuvres prodigieuses entre la Seine et la Marne; ses victoires sur Blucher qui amènent les alliés à signer le pacte de Chaumont, où ils s'engagent à ne poser les armes qu'après avoir mis l'ennemi commun dans l'impossibilité de nuire.

Ce fut les hécatombes de Craonne, de Laon, du hurrah d'Athies, d'Arcis-sur-Aube; les alliés poursuivant Marmont et Mortier vers Meaux sur la route de Paris; l'empereur, par un coup de suprême audace, se jetant sur les communications de l'ennemi pour le contraindre à revenir sur ses pas.

A Saint-Dizier il bouscule vers l'Est avec une facilité qui l'étonne les corps de troupes qui le harcèlent depuis de longues heures.... Mais alors une terrible inquiétude le saisit : il croyait avoir combattu les Autrichiens, il s'aperçoit que c'est aux Prussiens qu'il a eu affaire! Comment Blucher, qui cinq jours plus tôt menaçait Soissons, est-il sur les confins de la Lorraine? Comment Schwarzemberg, avec lequel il était en contact, a-t-il soudainement disparu? Ne lui aurait-on opposé qu'un rideau de cavalerie?...

Depuis cinq jours il n'a rien de Paris.

Enfin le 28 mars à Doulevent il reçoit cette dépêche :

« La présence de l'empereur est nécessaire s'il veut empê-
» cher que sa capitale soit livrée à l'ennemi.... Il n'y a pas un
» moment à perdre. »

C'est pendant la nuit du 30 mars.

Onze heures viennent de sonner à l'horloge de la Cour-de-France, station de poste de Fromenteau, sur la route de Fontainebleau à Paris. Un homme descend d'un cabriolet et se met à marcher nerveusement en poursuivant sa route, tandis qu'on change ses chevaux.

Tout à coup, il s'arrête. Il a entendu dans le lointain le trot d'une colonne de cavalerie qui s'approche. Quand les chevaux arrivent à sa hauteur, il les arrête d'un *Halte!* impérieux. Le commandant de la colonne saute à terre, car il a reconnu la voix....

A Villeneuve-sur-Vannes, Napoléon avait quitté son escorte, et crevant des chevaux, brûlant des étapes, il revenait sur Paris....

— C'est vous Belliard.... Que faites-vous ici ?

— Sire, le maréchal Mortier m'envoie préparer ses cantonnements.

— Où est l'ennemi ?

— Aux portes de Paris....

— Où est l'armée ?

— Elle évacue la capitale.

— Mais enfin qui garde Paris ?

Belliard n'a pas le temps de répondre aux questions tant elles se pressent.

— Où est l'impératrice ?.... Et le roi de Rome ?

— Partis vers la Loire avec le duc de Rovigo et Sa Majesté le roi Joseph.

— Alors Montmartre n'a pas résisté ?

— Montmartre était dépourvu d'ouvrages.

— Mais.... mes soldats.... mes canons ?...

— Vos soldats, Sire, ont été héroïques, ils ont combattu pieds nus pendant douze heures.... Mais l'artillerie n'était pas là pour les soutenir.

Alors Napoléon laisse éclater sa colère !... Celle-là n'était pas simulée !...

— Tout le monde a donc perdu la tête ! Voilà ce que c'est d'employer des hommes qui n'ont ni énergie ni sens commun !! Ce cochon de Joseph qui se vantait de savoir conduire une armée aussi bien que moi !... Et Clarke.... ce J. F. qui n'est capable de rien si on le sort de la routine des bureaux.... Allons, il faut aller à Paris.

Il était trop tard.... Napoléon avait voulu, dans les conditions qu'on a vues, courir la chance d'une bataille qui l'exposait à perdre Paris et tout ce qui devait s'ensuivre, et dans cette bataille il avait été vaincu.

Le jour commençait à luire, quand un courrier du duc de Vienne arriva : la capitulation de Paris était signée, les alliés y entreraient dans la matinée.

Napoléon accablé rebroussa chemin vers Fontainebleau.

Fontainebleau !... C'est là que pendant dix-neuf mois il avait tenu le Pape captif. Ne semble-t-il pas que la justice divine ait voulu que le théâtre de ses plus odieuses violences fût aussi le théâtre de son humiliation et de sa chute ?

L'OBJECTIF DES PUISSANCES

De cette nomenclature de faits, dont je m'excuse, on peut tirer déjà quelques remarques de gros bon sens.

Les Bourbons étaient-ils pour quelque chose dans ces guerres interminables, dans ces défaites sanglantes, dans ces congrès sans issues ?

Est-ce eux qui étaient allés chercher le czar Alexandre à Moscou ? Est-ce eux qui avaient ameuté l'Europe contre la France ? Est-il question d'eux à Prague, à Francfort ou à Châtillon ?

Est-ce leur Restauration que les alliés venaient imposer à la France ? Ces alliés étaient-ils en la circonstance, comme on l'a prétendu, les champions du principe de la légitimité ?

Non… non… et non.

Leurs préoccupations étaient beaucoup plus terre-à-terre, beaucoup plus égoïstes.

Ce qu'ils voulaient, c'était une Europe équilibrée de façon à sauvegarder leurs Etats et leur tranquillité dans l'avenir. Mais constamment ils pensèrent que ce résultat n'était pas incompatible avec la présence de Napoléon aux Tuileries.

Constamment et jusqu'au dernier moment ils négocièrent avec lui et par là même le reconnurent.

Le 17 février 1814, dit le chevalier de Gentz, les quatre puissances, dans les conférences qu'elles tinrent à Troyes, s'étaient encore accordées — *après diverses hésitations* — sur ce qu'il fallait traiter de bonne foi avec Napoléon.

En fait, elles se conformèrent scrupuleusement à cette décision.

A un moment il y avait bien eu des hésitations, comme le dit Gentz, et les représentants des puissances s'étaient demandé, en effet, s'ils devaient persister à voir en Napoléon et son gouvernement le représentant et le gouvernement de la France.

A l'étranger comme en France, beaucoup de personnes rangeaient la chute de Napoléon dans les éventualités possibles. En France comme à l'étranger on lui appliquait la double épithète qui devait servir à qualifier « le borgne sonore » dans des circonstances analogues, hélas !… On l'appelait *le fou furieux*.

Mais si les uns préconisaient la restauration des Bourbons, d'autres tenaient pour la régence de Marie-Louise jusqu'à la majorité du roi de Rome ; d'autres pour l'élévation au trône d'un tiers — et quel tiers ! (Bernadotte ou un prince anglais) ; d'autres — et quel autre, on va le voir — penchaient pour la République.

Or, sur la solution du problème comme sur le reste, les puissances s'étaient divisées en deux groupes :

D'une part l'Autriche et derrière elle l'Angleterre ;

D'autre part la Russie et derrière elle la Prusse, laquelle « ne rêvait, en réalité, que conquêtes et brutales vengeances ».

Si l'on nous opposait quelques phrases prononcées par les souverains alliés, et notamment par l'empereur d'Autriche, pour nous démontrer leur sympathie à l'égard de Louis XVIII, il serait trop facile d'établir qu'il n'y a rien là qu'un peu de sympathie platonique — plus ou moins sincère, — un peu d'eau bénite de cour.

L'objection qui présente le plus une *apparence* sérieuse est la suivante : Voyons ce qu'elle vaut.

Metternich, pourrait-on dire, a écrit dans ses Mémoires que : « Le bon droit, la raison, l'intérêt particulier de la France et l'intérêt général de l'Europe, tout parlait en faveur du rétablissement des Bourbons. Aussi, ajoute-t-il, l'empereur d'Autriche n'eut-il pas un moment d'hésitation à cet égard. »

Cette affirmation, formulée longtemps après les événements, est contredite par les faits, les témoignages contemporains et la conduite de Metternich lui-même que nous venons d'ailleurs de voir deux fois, à Prague et à Francfort, prendre l'initiative de pourparlers entre l'empereur et la coalition.

Dans le chevalier de Gentz, confident de Metternich, qui, lui, écrit sur des notes prises au jour le jour, on lit ceci :

« Le vœu sincère du cabinet d'Autriche était de faire la paix
» avec Napoléon, de garantir ses voisins contre les projets de
» son ambition inquiète, *mais de le conserver, lui et sa famille,*
» *sur le trône de France.* M. de Metternich était convaincu, dans
» sa sagesse, que le rétablissement des Bourbons servirait bien
» plus l'intérêt particulier de la Russie et de l'Angleterre que
» celui de l'Autriche. »

Et ailleurs :

« Malgré l'aversion de l'Angleterre pour Napoléon, lord
» Castlereag est absolument d'accord avec les principes et les
» vues du prince de Metternich. »

Voici maintenant un fait :

On sait qu'un royaliste, le baron de Vitrolles, fut envoyé, le 10 mars, par Talleyrand et le duc de Dalberg près des alliés pour connaître leurs intentions. Il raconte que ses ouvertures relatives à la Restauration furent accueillies avec une extrême froideur par Metternich. De Virieu reçut du reste le même accueil. Et pendant même que Vitrollas était au quartier général des alliés, Caulaincourt fit demander que les délais laissés à Napoléon pour répondre à l'ultimatum des puissances fussent prolongés. Et le nouveau délai réclamé fut immédiatement accordé et prolongé jusqu'au 15 mars.

Cela n'indique pas précisément que les alliés aient été très pressés de substituer les négociateurs royalistes aux ambassadeurs de l'empereur.

Voilà donc un premier point de repère certain : le 15 mars les alliés ne voulaient connaître que Napoléon.

Il y a mieux.... Le 23 mars, Metternich lui-même écrivait à Caulaincourt, sur un ton plus amical encore que confidentiel :

« Peut-être sommes-nous plus près de la paix après la rup-
» ture d'aussi stériles négociations.... Il dépend encore de votre
» maître de la faire.... Le jour où l'on sera tout à fait disposé
» aux sacrifices indispensables, venez.... Le trône de Louis XIV
» avec les ajoutés de Louis XV offre d'assez belles chances pour
» ne pas être joué sur une carte. »

Après cela il faut convenir que Metternich eut une étrange absence de mémoire le jour où il écrivit que l'Autriche n'hésita pas un moment à favoriser la restauration des Bourbons.

En réalité, l'ambassadeur du papa beau-père, comme on disait alors irrévérencieusement, travaillait toujours pour la Régence.

ET DU COTÉ DE LA RUSSIE ?

Ah ! là, c'était bien autre chose ! Aucun des princes coalisés n'était plus résolument antibourbonnier que le czar Alexandre. A la fin de la campagne, la vision du champ de bataille de la Ferré-Champenoire l'avait longtemps obsédé.

Là il avait vu les conscrits français, dont un grand nombre n'avaient pas 18 ans, les Marie-Louise comme on les appelait, surpris dans une embuscade, résister superbement à l'assaut de ses troupes, courir à la mort plutôt que de se rendre, et tomber sous sa mitraille en criant : Vive l'empereur !...

Il s'était dit que l'homme qui avait été capable de susciter de tels dévouements, d'inspirer un tel héroïsme, possédait vraiment ses sujets corps et âmes, et que c'était folie de songer que la France se détacherait un jour de Napoléon.

Pourtant d'autres considérations s'imposaient à son esprit quand il constatait qu'en dehors de l'armée « la France regardait, croisait les bras et laissait faire ».

Mais ce n'est pas du tout vers les Bourbons qu'il reporta d'instinct ses sympathies.

Elève du républicain suisse La Harpe, Alexandre était partisan des idées modernes en politique. Grand admirateur de la Constitution de 1791, dit le chevalier de Gentz, il désirait plaire à tous les partis, à toutes les sectes.

Il était, ajoute Metternich, entouré de révolutionnaires qui exerçaient sur son esprit une influence funeste et décisive.... Et alors, en disciple fidèle de ces maîtres-là, il proposa à ses alliés de convoquer les assemblées primaires pour les faire voter — l'Action libérale et Sa Majesté se fussent comprises — et leur faire élire des députés qui auraient fixé la forme du gouvernement de la France.

— J'ai sous la main l'homme qu'il faut pour présider l'assemblée, disait-il avec un air entendu, nous chargerons La Harpe de cette tâche délicate.

Dans sa conversation avec Vitrolles, il avait laissé voir toute sa pensée.

— Les obstacles qui séparent les Bourbons du trône, avait-il dit, me paraissent insurmontables.... Ils reviendraient aigris par le malheur. L'armée, les générations nouvelles, les protestants leur sont hostiles. L'esprit du temps est contre eux. J'ai pesé tout cela. Nous avions songé à Bernadotte.... mais on y a renoncé. Qui sait si une république sagement organisée n'irait pas mieux à l'esprit français.

Une république honnête, évidemment.

Ainsi donc, ce ne fut pas la faute du czar si la république ne fut pas proclamée en 1814.

Ah ! alors, ce czar eût vraiment mérité son titre de *petit père* en France comme en Russie.... Mais cette touchante appellation était réservée chez nous pour M. Combes.

Les projets d'Alexandre sur la France furent peu goûtés de l'Autriche. Il s'ensuivit des propos plutôt vifs entre Metternich et Alexandre. Si bien qu'en réalité, le silence sur les conséquences de la chute de l'Empire était l'indispensable condition de l'entente entre les alliés.

.... « Si nous avions insisté, écrit Metternich, nous aurions échoué et nous aurions compromis l'union nécessaire entre les puissances.

En résumé : les alliés, envisageant le cas d'un bouleversement politique en France, n'étaient pas parvenus à s'entendre sur la ligne de conduite à tenir. Ils avaient pensé — *pour y renoncer bientôt* — à tous les expédients, à toutes les combinaisons, à toutes les solutions, sauf à la solution par les Bourbons.

L'OPINION FRANÇAISE

Et la France, elle, que pensait-elle ?

Car enfin voilà une question qui a son intérêt et à laquelle on ne se soucie guère de répondre quand il s'agit de représenter la Restauration comme l'œuvre de l'étranger.

Les Intellectuels.

En 1813, quelqu'un demandait à Sieyes :

— Que pensez-vous ?

— Moi, répondait-il, dégoûté et intimidé.... intimidé surtout.... Je ne pense plus.

Cette époque laissa au vieux métaphysicien un souvenir qui se confondit plus tard, dans le brouillard de ses facultés éteintes, avec ses impressions de la Terreur.

Pour se rendre compte de ce qu'étaient devenues, sous le premier Empire, la liberté individuelle et la sécurité des citoyens, il n'y a qu'à se rappeler les exils de Mme de Staël ou la fin du dernier Condé dans les fossés de Vincennes.

M. de Rovigo, plus allègrement encore que M. de Sartines, envoyait au pilon les livres qui n'avaient pas l'heur de plaire à la censure de Sa Majesté.

Et bien souvent les auteurs, s'ils avaient eu la parole, eussent été incapables de dire en quoi ils avaient déplu.

Après dix ans de règne, Napoléon avait éteint, non seulement toute vie politique, mais aussi toute vie intellectuelle. — On se taisait. — Et, suprême degré de la servitude dont parle Tacite : avec la voix l'on eût perdu jusqu'au souvenir de la tyrannie, s'il était aussi facile d'oublier que de se taire.

Vers 1814, la note changea :

Pour la première fois une commission du Corps législatif, qui avait choisi M. Lainé comme rapporteur, osa représenter à l'empereur la situation morale et matérielle du pays telle qu'elle était et insister sur la nécessité de la paix.

L'empereur, il est vrai, s'emporta, comme à l'ordinaire, accusa M. Lainé d'être vendu à l'Angleterre, fit fermer à clef la salle de séance du Corps législatif. Mais l'outrage et la protestation ne furent pas plus oubliés l'un que l'autre, — surtout à Bordeaux dont M. Lainé était député.

Quelques semaines plus tard, Benjamin Constant, dans son écrit : *De l'Esprit de Conquête et de l'Usurpation*, comparait les destinées qui attendent, en présence des mêmes malheurs, « les souverains légitimes appuyés sur leurs peuples.... et l'usurpateur siégeant avec effroi sur un trône illégitime, comme sur une pyramide solitaire ».

M. de Chateaubriand écrivait sa fameuse philippique *De Buonaparte et des Bourbons* dont j'ai eu l'honneur de vous lire des passages l'année dernière pour établir que le père Loriquet avait jugé beaucoup moins dûrement l'empereur vaincu : Avec une violence inouïe, Chateaubriand prenait carrément parti contre Bonaparte et pour les peuples qu'il avait conquis.

Un homme d'étude, M. Say, qui n'avait jamais manifesté aucune hostilité à l'Empire, avait composé un *Traité d'économie politique* dont la première édition était passée sans difficulté. Mais quand la seconde édition fut prête, défense — non motivée mais formelle — fut signifiée à l'éditeur de la laisser paraître.... M. Say en garda une telle rancune qu'il n'eut rien de plus pressé en 1814 que de dédier son livre à l'empereur de Russie, *en le félicitant du succès de ses armes.*

La révolte éclatait avec d'autant plus d'excès que la pensée avait été comprimée avec plus de brutalité. La violence de la tyrannie avait altéré la notion du patriotisme chez ceux qu'on appellerait aujourd'hui les intellectuels : Comme l'économiste Say, ils s'étaient sentis libérés par l'invasion.

Le Peuple.

Et le peuple ? Le peuple....

bon pour la taille
Et la charrue et bon pour la bataille....

Que pensait-il ?.... Comment s'était-il trouvé de la révolution faite en son nom et de la destruction de la Monarchie sous laquelle, disait-on, il était taillable et corvéable à merci ?...

Ah certes ! on s'exposerait à de graves méprises si l'on cherchait à juger de ses sentiments en 1813 et 1814 par les chansons de Bérenger, ce faux bonhomme....

Bérenger ne nous a pas fait seulement un Napoléon idéal. Sous la Restauration il nous a fait un faux Napoléon en développant ces trois thèmes : Napoléon c'est la France, — Napoléon c'est la paix, — Napoléon c'est la liberté.

« Napoléon c'est la France. »

Evidemment..., mais c'est aussi un peu la Belgique, l'Allemagne et surtout l'Italie. Il avait même tenu à ce que sa cour soit comme le reflet de l'Europe avec les Vilainquatorze, les Aldobrandini, etc..., etc...

« Napoléon c'est la paix et la liberté. »

Inutile d'insister. Ces audacieux paradoxes de Béranger n'auraient eu aucun succès en 1814.

Il faut d'ailleurs observer que dans la première chanson de son recueil daté de mai 1813, *le roi d'Yvetot*, on retrouve l'influence de l'ambiance.

C'est une critique discrète..., mais directe, de l'insatiable ambition de Napoléon, auquel on présente comme le modèle des potentats le joyeux roi d'Yvetot, dormant fort bien sans gloire et couronné par Jeanneton d'un simple bonnet de coton.

Evidemment, le peuple grisé de gloire militaire n'eut longtemps d'autre idole que Napoléon.

Les sévérités de la censure dont il vient d'être question indiquent assez avec quel soin on lui cachait le revers de la médaille.

Et ce n'était pas assez de mentir aux oreilles, il fallait encore mentir aux yeux.

Pendant que le sculpteur Canova ne craignait pas de diviniser Pauline Borghère sous les traits de Venus-Victrix ; pendant que les plus grands peintres représentaient Bonaparte touchant aux pestiférés de Jaffa — auxquels il ne toucha jamais, — Bonaparte traversant le Saint-Bernard dans des tourbillons de neige, — alors que ce jour-là il faisait le plus beau temps du monde..., etc., etc. ; un autre artiste, beaucoup plus modeste et resté longtemps inconnu derrière les Vosges, devenait le principal artisan de la légende napoléonienne et allait faire au maître une popularité — j'allais dire une réclame — près de laquelle ne fut rien celle du général Boulanger-Géraudel.

Un horloger d'Epinal, Jean-Charles Pellerin, avait trouvé un procédé nouveau de décorer ses horloges. Au lieu de les faire orner par des peintres émailleurs — ce qui lui coûtait très cher, — il y colla des images gravées sur bois, et enluminées de couleurs vives. Ces images représentaient des saints, des évêques, des enfants Jésus, des vierges bizarres. Elles eurent un tel succès que l'horloger spinalien annexa bientôt à sa boutique un atelier de gravure et d'imprimerie.

Mais voilà qu'un jour les colporteurs, qui des quatre coins de la France viennent s'approvisionner chez lui, content aux ouvriers les merveilleux exploits du général Bonaparte. L'un de ces ouvriers, nommé Georgin, en est tout remué. Instinctivement il crayonne la silhouette du héros et le suit à travers les capitales de l'Europe. Il range en bataille ses régiments avec une naïve symétrie, il sème devant les armées des cadavres, des tronçons de sabres et, dit Raoul Barthe, des boulets ronds comme des balles à jouer. Il délaisse les saints pour se consacrer tout entier au culte de Napoléon....

Et justement.... on s'aperçoit qu'à Napoléon qui possède la gloire, il manque un patron au ciel. Il n'y a pas à hésiter : il faut fabriquer de toutes pièces un saint Napoléon. On l'affuble d'un casque à plume, d'une armure, d'un bouclier, et on le campe au milieu de cadavres d'infidèles que son épée très chrétienne vient d'immoler.

En même temps le bon Georgin pioche la redingote grise, le petit chapeau.... et le regard d'aigle.

Ici c'est Napoléon tirant familièrement l'oreille d'un conscrit, auquel il remet la croix.

Là c'est Napoléon félicitant un capitaine d'infanterie qui vient d'accomplir une action d'éclat avec cette légende :

— Je suis très content de vous.... chef d'escadron !

Enfin.... au sein de l'Empyrée, devant le temple de la gloire, c'est Napoléon déifié ! Il reçoit les hommages de Frédéric le Grand, de César, d'Annibal, d'Alexandre et de Sésostris.

Et tout cela, tiré à des milliers d'exemplaires, est contemplé, médité, commenté jusque dans les plus humbles chaumières.

Quelle chute quand il faut quitter l'Empyrée et revenir sur la terre !

Ce n'est plus Alexandre-le-Grand, Annibal et César qui acclament Napoléon devant le temple de la gloire. C'est Alexandre de Russie, Blucher et Scharzemberg qui le tiennent à la gorge sous les murs de Paris.

Depuis plus d'un an d'ailleurs le charme était rompu :

Un officier de marine, le chevalier de Merlhiac, était revenu à Paris en congé à la fin de 1812.

En passant par Chambéry et Lyon, il observa que le mécontentement était si grand et s'exprimait d'une façon si générale que la police n'osait plus sévir. Il en fut effaré !

Il se promena dans Paris et il vit que des placards — il les qualifie d'atroces — avaient été apposés jusque sur l'ensemble de la colonne de la place Vendôme. Sur l'un d'eux il put lire le quatrain suivant :

> Tyran ou de boue ou de glace,
> Si le sang que tu fais verser
> S'amoncelait sur cette place,
> Tu le boirais.... sans te baisser.

Il poursuivit sa promenade, et d'une terrasse des Tuileries donnant sur la place de la Concorde il vit le carrosse impérial sortir du jardin et se diriger vers le Corps législatif....

Quelques acclamations se firent entendre. Mais alors un individu qui se trouvait près du chevalier s'écria :

— J'espère bien que personne n'est la dupe de tout cela !... C'est payé à trente sous par gueule !

Le tarif depuis a été augmenté.

« Il faut se reporter à ce temps de despotisme formidable, » écrit Merlhiac, pour comprendre combien de pareilles démons- » trations indiquaient une situation grave. »

Qu'eût-il dit s'il fût sorti de Paris !

Dans les campagnes il ne restait ni hommes valides, ni chevaux: il restait les femmes, les enfants, les vieillards et les infirmes.

Qui donc dès lors eût été capable d'accomplir les travaux de la culture ?

Le ministre de l'intérieur avait eu une idée géniale. Il avait invité les femmes et les enfants à remplacer le labour à la charrue par le labour à la bêche, en réalité beaucoup plus pénible. L'invitation du ministre n'avait eu aucun succès et les champs étaient restés en friches.

Les fabriques étaient fermées. Les travaux publics étaient suspendus.

Le gouvernement retenait 25 0/0 sur les traitements de tous les fonctionnaires civils.

On s'imagine quelles ruines et quelles misères résultaient d'une pareille situation.

Après vingt-cinq ans de révolutions et de guerres, dues à la chute de la Monarchie, *le peuple voulait la paix...*, et bien qu'en puisse dire M. Houssaye, ces deux mots : Napoléon-Guerre commençaient à devenir pour lui des synonymes.

Les désertions se multipliaient. Le nombre des insoumis s'accroissait dans des proportions effrayantes.

Le parti des mères, frappées dans leur mari, frappées dans

leurs fils, lasses de fournir depuis un quart de siècle de la chair à canons, devenait dominant.

Aucun sursaut d'énergie ne secoua la population civile quand l'étranger pénétra sur le sol français. La résistance fut l'exception. Il fallut pour la provoquer les exactions abominables de certaines troupes alliées.

Epinal se rendit à 50 cosaques.

Mâcon à 50 hussards.

Reims à un peloton.

Nancy aux coureurs de Blücher.

Chaumont à un seul cavalier wurtembourgeois.

Langres, dit Houssaye, capitula au deuxième coup de canon et Dijon au deuxième parlementaire.

Des magistrats municipaux, des préfets s'ingénièrent à détourner leurs administrés de prendre les armes.

Pour tout dire, le devoir était devenu parmi les Français un objet de contradiction.

L'Armée.

Restait l'armée.

Là, du moins, il n'y avait pas d'hésitation, pas de divergence sur la façon de comprendre et d'accomplir son devoir.

Le chansonnier Fragerolles a mis ce couplet dans la bouche des soldats de Napoléon :

> Avec ton profil de Romain
> Te voilà César, tu t'en flattes,
> Ton cheval a fait son chemin.
> Nous l'avons suivi sur nos pattes,
> Ne pourrais-tu, jusqu'à demain,
> Nous laisser garder nos pénates.
> C'est pourquoi l'on grogne....
>   Tout en t'adorant.
> C'est pourquoi l'on grogne
>   Dans le rang.

On grognait peut-être, mais à coup sûr l'adoration était plus soutenue que les grognements.

Malgré les fatigues et les combats qui les avaient décimés, il est certain que même en mars 1814, les soldats de Napoléon étaient encore prêts à oublier leurs pénates pour le suivre au bout du monde.

Il avait su leur inculquer l'esprit de sacrifice et, en les menant à la victoire pendant vingt ans à travers l'Europe, il leur avait inspiré une foi aveugle — qui devait même leur faire oublier la France en 1815.

Tout en flétrissant l'abus que Napoléon fit du sang français, on ne peut que s'incliner avec émotion devant l'héroïsme de ses soldats.

Il est bien permis d'observer aussi, sans être accusé de les rabaisser, qu'un autre attrait que celui du martyre les attachait à l'Empire.

Napoléon se préoccupait peu des soldats tombés aux mains de l'ennemi; il trouvait les blessés bien encombrants, bien gênants, mais il avait l'habitude de traiter les autres, les valides, en enfants gâtés. Il leur accordait toutes les licences et les laissait se comporter un peu partout comme en pays conquis.

Pour le militaire, le civil — on dit plus tard le pékin — était un subalterne. Quand Lasalle souffleta un préfet, Napoléon calma l'indignation de son ministre de l'intérieur par ce mot qu'on trouvera tout à fait charmant en ce temps de suprématie du pouvoir civil :

— Que voulez-vous, dit-il, j'ai cent préfets et un seul Lasalle !

Il était admis alors qu'un officier entrant dans un café pouvait prendre le journal qu'un « civil » était en train de lire, dût-il pour s'en saisir monter sur les pieds de tous les consommateurs.

Une autre grande distraction de messieurs les militaires consistait à aller au théâtre, et là à interpeller bruyamment les spectateurs bourgeois sur leur physique, ou bien à faire les yeux doux et à envoyer avec ostentation des baisers à leurs femmes et à leurs filles. Si le bourgeois n'était pas content, il avait la ressource d'aller le lendemain matin se faire découdre sur le pré.

Cette vie n'était pas dépourvue de gaietés.

Et puis, sur le chemin de la monture impériale on cueillait autre chose que des œillades et des baisers : des grades, des titres de duc et de prince, on gagnait — et on les gagnait bien — des dotations magnifiques.

En 1814 il y avait quelques milliers d'hommes dont la fortune était attachée à celle de Napoléon.

Et pourtant !

Et pourtant si l'on veut connaître l'état d'esprit des états-majors, il n'y a qu'à se rappeler la scène inouïe qui se produisit à Fontainebleau, avant la dernière ambassade de Caulaincourt.

De l'escalier en fer du Cheval-Blanc s'élève la voix de Ney... « cette voix qui dominait le tumulte de la charge » :

— Il n'y a que l'abdication qui puisse nous tirer de là !...

Napoléon fait semblant de ne pas entendre et rentre dans ses appartements.

Mais Lefebvre, Moncey, Ney, Oudinot, Berthier, Bassano, Bertrand, Caulaincourt l'y suivent.

— Sire, demande Ney, avez-vous des nouvelles de Paris ?

— Aucune, reprend l'empereur... qui ment.

— Moi j'en ai... Elles sont bien mauvaises... Le Sénat a prononcé la déchéance de Votre Majesté.

— Le Sénat ?... Il n'a pas de pouvoir pour cela ! La Nation seule en aurait... Quant aux alliés, je vais les écraser.

— La situation est désormais désespérée, déclare Lefebvre. C'est un grand malheur de n'avoir pas conclu la paix plus tôt... Aujourd'hui il n'y a plus que l'abdication !

— Il y a encore la lutte ! Les armées de Lyon et des Pyrénées vont rejoindre ; les alliés sont dans une position très critique ; le moindre succès sous Paris va changer la face des choses.

— Nous ne voulons pas exposer Paris au sort de Moscou, répond Macdonald. Notre parti est pris, nous sommes résolus à en finir.

— J'attaquerai l'ennemi demain !

— L'armée ne marchera pas sur Paris.

— L'armée m'obéira, à moi, l'empereur !

— L'armée, sire, obéira à ses généraux....

Et sur ces mots de Ney tous s'en vont, laissant l'empereur consterné d'un langage qu'il entend pour la première fois.... Pour la première fois, dit-on, Napoléon pleura.

Cet incident ne montre-t-il pas à lui seul où en étaient venus ses plus fidèles compagnons d'armes ?

Donc... si l'on met à part les corps de troupes... on peut dire qu'en mars 1814, les Français en majorité, des Français de toute condition et de toute fonction — car les fonctionnaires attribuaient à la même cause que tout le monde les malheurs de la patrie — attendaient, quand ils ne désiraient pas la chute de Napoléon.

Donc... il est faux que la violence et surtout qu'une violence venue de l'étranger ait été nécessaire pour imposer un changement de régime à la nation.

LES ROYALISTES

Faut-il conclure de là que le pays, dans son ensemble, avait le parti pris de renverser l'Empire afin que Louis XVIII puisse monter sur le trône ?

La déduction serait fausse, car le nom, si ce n'est l'existence même des frères de Louis XVI, était ignoré de beaucoup, même en Bretagne, même en Vendée.

Mais il y avait un parti royaliste — désorganisé, anarchique tant qu'on voudra — qui avait pourtant survécu à toutes les tempêtes, à toutes les catastrophes, à toutes les divisions, dont le martyrologe n'avait cessé de s'allonger de 1789 à 1814, et qui en définitive avait fait ce que plusieurs d'entre nous font... depuis toujours, hélas !... Il avait fait vivre l'Idée !...

Quand l'écroulement de l'Empire devint inévitable, les royalistes comprirent que l'instant était décisif, car la domination de Napoléon pouvait fort bien cesser, sans que cessât l'effet principal de la Révolution... je veux dire l'éloignement de la maison royale.

C'est à empêcher cela qu'ils appliquèrent tout leur effort.... Et ils firent bien !...

Nous jugeons aujourd'hui qu'ils tombèrent dans bien des erreurs, qu'ils commirent bien des fautes. Nous condamnons leurs démarches près des alliés, démarches d'ailleurs restées sans effet.

Mais avant de nous trop scandaliser, prenons donc la peine de nous reporter au temps où ils ont vécu, et pour juger équitablement leur conception du choix des moyens, rappelons-nous donc que la Révolution, décidée à les exterminer par le fer et par le feu, n'avait pas eu honte de lancer contre eux des régiments étrangers de Liégeois, de Belges, d'Allobroges, de Germains, dans les cas où les Français — comme le remarque Mme de Tourzel — auraient pu se lasser de tremper leurs mains dans le sang français.

De plus, il est des gens auxquels il est interdit de reprocher aux royalistes de 1814 d'avoir cherché à composer avec les influences étrangères à un moment où il fallait, par la faute de Napoléon, compter avec elles bon gré mal gré.... Car ces influences étaient sollicitées au même moment et furent sollicitées souvent depuis, dans des circonstances autrement équivoques, par les fidèles de l'Empire ou par les ancêtres de nos libéraux.

Tel Carnot qui, en 1817, ne craignit pas de prêter les mains à une combinaison qui avait pour but de renverser Louis XVIII et de le remplacer par un prince de Nassau à la faveur d'une intervention armée de l'étranger (1).

Et, en sautant à une autre époque, ne trouve-t-on pas Gambetta — on ne le répétera jamais assez — collaborant avec Bismark pour nous imposer la République anticléricale dont nous mourons?

D'ailleurs, dans le recul de l'histoire, quelques-uns de nos plus terribles patriotes républicains prennent de plus en plus figure d'imposteurs, et les faits pour lesquels on les a glorifiés tendent à ressembler à d'étranges simulacres.... comme par exemple la bataille de Valmy à propos de laquelle Sardou — le dreyfusard Sardou, — se prenant la tête, répondait à un interviewer :

— Ah! Valmy! Valmy! Si vous le voulez bien nous n'en parlerons pas!... J'ai peur que tôt ou tard on apprenne sur Valmy des choses consternantes.....

Ce qui dans tous les cas est sûr, c'est que, depuis le xviiie siècle, les trahisons républicaines ne se comptent pas. Elles fourniraient la matière d'un gros volume dont le premier chapitre serait occupé par Danton et les avant-dernières pages par ce diplomate....   ..... qui s'acharnait à faire échec à notre princesse Waldemar afin d'empêcher l'alliance franco-russe.

Ce n'est pas du parti de ces gens-là que les royalistes accepteront jamais des leçons de patriotisme.

Les royalistes commencèrent donc par rappeler au pays l'existence et le nom du prince qui était là tout prêt à renouer la tradition nationale.... Ils firent appel au vieux sentiment français qui, pendant si longtemps, avait fait que dans le roi chacun voyait son père.

Ils représentèrent Louis XVIII comme le pacificateur, le protecteur le plus capable d'endiguer les convoitises de l'étranger victorieux.

Eux aussi ils retroussèrent leurs manches et se firent camelots. Ils colportèrent des manifestes, placardèrent dans toutes les villes — notamment à Laval le 22 janvier — la proclamation de Louis XVIII.... En une nuit, les frères de Nieuwerkerke et le comte de Laurice trouvaient moyen de tirer, sans le secours

(1) Vaulabelle, qui est hostile à la Restauration.

d'aucun typographe, mille exemplaires d'un manifeste de Charles Philippe, comte d'Artois.

Mais c'est à Bordeaux, la ville de M. Lainé, que leur organisation était plus complète et produisit les effets les plus immédiats, puisque le 12 mars les royalistes de Bordeaux, ayant gagné à leur cause le comte Lynch, maire de la ville, proclamaient Louis XVIII et recevaient le duc d'Angoulême, malgré les intimidations de Beresford et de Wellington.

Conséquences et enchaînement des faits.

Les royalistes s'appliquèrent surtout à publier la vérité sur la guerre et l'état du pays..., et c'est ce qui produisit le plus d'effet.

Les communications postales étant nulles, la presse étant muselée, il avait été facile au gouvernement, grâce à ces bulletins officiels, qui étaient toujours des bulletins de victoire, de faire croire au pays que la campagne de France allait se terminer en apothéose et que les armées alliées ne se composaient plus que de quelques bandes harassées et à demi mortes de faim.

Quand elle comprit à quel point elle avait été dupée, l'opinion se montra complaisante aux suggestions royalistes.... Elle se manifesta même assez clairement pour entraîner les politiciens toujours prêts par vocation à prendre le vent.

Et c'est peut-être ici qu'il est à propos d'observer que sur les cinq hommes qui allaient composer le gouvernement provisoire — et par conséquent prendre officiellement la responsabilité du coup, — un seul, Montesquiou — un abbé, — était royaliste...

Les autres, comme le duc de Dalberg et M. de Jaucourt — un protestant, — étaient des créatures de Napoléon.

Beurnonville, avant de porter un titre de comte, avait été un révolutionnaire exalté.

On sait l'histoire de l'ex-abbé de Périgord, Talleyrand, évêque constitutionnel, marié, devenu prince de Bénévent et grand dignitaire de l'Empire.

L'éminence grise du gouvernement provisoire, de Pradt, avait été l'évêque intrus de Malines et si avancé dans les bonnes grâces du Maître qu'il fait penser à M. l'abbé Lemire. On ne l'appelait pas l'aumônier du Bloc... mais simplement... l'aumônier de Mars.

Rien mieux que cet étrange assemblage d'hommes ne prouve que la Restauration s'imposait.

Elle s'imposait... Mais encore avait-il fallu qu'il y ait eu des hommes... et des femmes... pour faire qu'elle s'imposât...

Je viens de nommer Talleyrand.

Son évolution, préparée depuis deux ans, pourrait faire l'objet d'une bien curieuse leçon de propagande où l'on verrait comment — en politique aussi — les petites causes, par suite de l'enchaînement des événements, contribuent parfois à produire de grands effets.

Mauras a parlé de cela dans un chapitre intitulé *Mademoiselle Monk*.

Il y eut, en effet, dans l'évolution de Talleyrand une influence de demoiselle... si je puis m'exprimer ainsi.

La vie de cette femme, mariée à 15 ans à un mari de 14, deux fois divorcée, ruinée en trois fois, est bien la chose la plus capricante, la plus étrange.... la moins édifiante qui se puisse concevoir.

Mais Aimée de Coigny, ci-devant duchesse de Fleury — car c'était elle, — ne croyant à rien qu'à ses passions, y apportait une frénésie qui pour une fois « rendit un signalé service à la plus grande des réalités naturelles, la déesse de la Patrie ».

Ces derniers mots sont de Mauras... je n'ai pas besoin de le dire.

C'est Aimée de Coigny qui, emprisonnée à Saint-Lazare avec Chénier, avait inspiré au poète *La Jeune Captive*.

Avant cette époque, elle avait été orléaniste avec son premier ami, Lauzun... aristocrate avec lord Malmesbury. Elle fut ralliée avec M. de Montrond qui, au lieu de lui faire des vers comme Chénier, la fit évader de Saint-Lazare en même temps que lui en donnant de l'argent aux détrousseurs de prisonniers qu'étaient Fouquier-Tinville et ses acolytes.

Elle fut encore frondeuse avec Mailla-Garat... le frère de l'acteur !...

Enfin, toujours trompée, toujours abandonnée, incorrigible sentimentale, elle s'échoua entre les bras d'un royaliste : Bruno de Boisgelin.

Mais si elle avait successivement adopté les couleurs de ses favoris, cela n'avait peut-être pas toujours été sans résistance.

Dans tous les cas, elle se montra longtemps réfractaire à la théorie monarchique que lui expliquait... « Bruno » ...dans des conversations — on pourrait dire dans des leçons — où l'on retrouve plusieurs des idées vulgarisées par l'Action française.

En songeant au temps qu'il avait fallu pour gagner à la cause royaliste une seule personne comme elle, femme isolée en marge de la bonne compagnie, elle dit humblement à M. de Boisgelin :

— Vous avez fait là une belle conquête ! C'est comme si vous aviez passé une saison pour vous emparer d'un château-fort abandonné au milieu d'un désert.

Mais M. de Boisgelin savait fort bien ce qu'il faisait. Il savait que Mme de Coigny connaissait Talleyrand et que, par suite de circonstances trop longues à préciser ici, elle dirigeait chaque matin sa promenade vers le numéro 2 de la rue Saint-Florentin... Il répondit :

— Je ne suis pas de votre avis, ce fort-là nous sera très utile : j'en nomme M. de Talleyrand gouverneur. S'il est comme vous me l'avez dépeint, pourquoi n'exécuterait-il pas ce qui doit produire le bien de la France ?

Mme de Coigny « commença donc contre Talleyrand la campagne que M. de Boisgelin avait menée contre elle-même »... Après des entretiens, des discussions répétés, elle l'amena — enfin ! — à prononcer le mot décisif :

— Mme de Coigny... je veux bien du roi, moi... mais....

Il n'eut pas le temps d'achever... mais... elle lui sauta au cou... Oh ! en tout bien, tout honneur...

— Vous sauvez la liberté de notre pauvre pays !

— Oui... mais voilà : je m'accommoderais bien de M. le comte d'Artois... parce qu'il y a quelque chose entre nous qui lui expliquerait beaucoup de ma conduite... Mais son frère ne me connaît pas. Je ne veux pas, au lieu d'un remerciement, m'exposer à un pardon, et je n'ai aucun moyen d'aboutir à lui.

— Moi j'en ai !... M. de Boisgelin a justement une lettre prête à lui être envoyée... Voulez-vous la voir ?

— Oui certes... revenez demain.

Je rentrais rapidement chez moi, raconte Mme de Coigny, et nous nous mîmes à écrire la lettre... en soignant très fort le passage où il était question de M. de Talleyrand... de sa conduite... de sa haute position.

Le lendemain je me rendis rue Saint-Florentin avec mon papier dans mon sac... Il prit la lettre et commença à la lire... A mesure qu'il avançait, il disait : « C'est cela ! » « A merveille !! » « C'est parfait !!! » Quand il en vint au paragraphe qui le regardait, il eut un moment très marqué de satisfaction.

— Je veux garder cela, dit-il !...

J'exigeai qu'il la brûlât, pour qu'il ne puisse être inutilement compromis....

[Il n'y avait pas de danger ! Mais les personnes les plus expérimentées ont de ces candeurs.]

... Alors il tortilla le papier en l'approchant d'une bougie, le jeta enflammé dans la cheminée et croisa dessus la pelle et la pincette pour empêcher que les cendres ne s'envolassent par le tuyau.

— On n'apprend qu'avec un homme d'Etat, lui dis-je, à anéantir un secret... bien secrètement.

Après cette petite opération, il se retourna et me dit :

— Eh bien ! je suis tout à fait pour cette affaire-ci. Dès ce moment, vous pouvez m'en regarder.

Les circonstances étant devenues favorables, Talleyrand n'hésita pas en effet à tenir sa parole, « il osa... risqua... et réussit ! »

La conclusion de cette histoire : c'est d'abord qu'il faut, comme M. de Boisgelin, choisir judicieusement les hommes dont nous nous attardons à faire le siège pour les gagner au roi.

C'est ensuite qu'il faut, comme Mᵐᵉ de Coigny, utiliser nos relations pour le service de nos idées, et savoir brûler à propos quelques grains d'encens sous les narines qui y sont sensibles.

Pauvre dame de Coigny !... La Restauration — à laquelle elle avait travaillé de si bon cœur — devait lui enlever son dernier appui !... Car M. de Boisgelin, nommé pair de France, comprit que sa liaison avec une païenne prenait le caractère d'un scandale par trop choquant, et que c'était un devoir pour lui de mettre sa vie privée en harmonie avec la vie nationale, redevenue chrétienne. Ce fut la rupture.

Dans l'âme déserte de son amie, il resta du moins, d'une vie de plus de trente ans, un bon souvenir — un seul, c'est elle qui le dit, — celui qui se rapportait à ce qu'ils avaient fait ensemble pour le bonheur de leur patrie.

Mais il faut revenir à nos fourgons qui étaient d'ailleurs arrivés au terme de leur route.

APRÈS LA PEUR
APRÈS LE DESPOTISME

On trouve le récit de l'entrée des alliés à Paris dans *les Débats* du 1ᵉʳ avril 1814.

Il faut en citer la fin pour ne pas être accusé d'avoir peur de certains documents :

« Pendant toute la distance que les armées alliées ont franchie
» à travers Paris, les acclamations se sont fait entendre de toute
» part.

» On se précipitait aux pieds de la personne auguste de S. M.
» l'empereur de Russie, on pressait ses mains, ses genoux, ses
» habits, on arrêtait son cheval, et la bonté toute particulière
» avec laquelle ce monarque accueillait ces témoignages de
» reconnaissance et de respect a laissé dans tous les cœurs une
» impression que rien ne pourra effacer. »

Cette page d'histoire est purement honteuse Et ce fut peut-
être plus scandaleux encore le lendemain soir à l'Opéra.

A qui la faute ?

Il ne serait pas seulement injuste, il serait surtout stupide de
la faire remonter aux Bourbons. Car il n'y a qu'une explication
raisonnable de l'aberration de la population parisienne.

Pendant des semaines elle était restée consternée sous la
menace du pillage, des incendies, des massacres qu'on n'avait
cessé de lui prédire pour le jour où l'étranger pénétrerait dans
la capitale.... Quand elle vit que les alliés respectaient scrupuleusement et les personnes et les biens, elle en éprouva une joie
qui l'entraîna aux manifestations les plus folles.... De plus, pour
qu'elle ait accueilli comme des sauveurs les vainqueurs de
Napoléon, ne fallait-il pas que celui-ci lui apparût vraiment
comme le pire fléau de la patrie ?

Au milieu des acclamations qui accompagnèrent l'entrée des
alliés, si l'on retrouve d'ailleurs des cris qui soient dignes de
Français, ce sont des cris royalistes : « Vivent les Bourbons !
Vive le Roi !! »

LE COUP

Après le défilé des troupes, le czar Alexandre, le roi de Prusse,
Schwarzemberg et Nesselrode se rendirent eux aussi... comme
Mme de Coigny... rue Saint-Florentin, chez M. de Talleyrand.

Cet étonnant caméléon avait trouvé moyen de rester à Paris
malgré les ordres formels de Joseph qui avait prescrit à tous
les dignitaires de l'Empire de s'éloigner de la capitale.

Le baron Louis et l'abbé de Pradt prévenus, arrivèrent de leur
côté à l'hôtel Talleyrand, et c'est là qu'eut lieu la fameuse con-

férence à laquelle on attache généralement une si grande importance.

Le baron Louis avait, lui aussi, porté la soutane... Extraordinaire le nombre d'abbés plus ou moins défroqués qu'on retrouve dans les premiers rôles aux époques de révolution!

Allant, venant, soulignant chaque phrase d'un geste animé, le czar entama de suite la conversation :

— Ce n'est pas moi qui ai commencé la guerre. Ce n'est pas moi qui ai la soif des conquêtes. Ce n'est pas la vengeance qui m'amène à Paris. J'ai tout fait pour épargner cette grande capitale. Ce n'est pas à la France que je fais la guerre.... Mes alliés et moi nous ne connaissons que deux ennemis : l'empereur Napoléon et tout oppresseur de la liberté des Français.

Acquiescement muet du roi de Prusse et de Schwarzemberg.

— Les Français sont libres... Faites connaître ce qui vous paraît certain dans les dispositions de votre nation. Nous traiterons avec Napoléon en prenant des sûretés particulières. Nous sommes prêts de même à reconnaître l'impératrice régente, ou le prince Bernadotte (il paraît qu'on y était revenu), ou la République, ou les Bourbons.

A ce moment Talleyrand, se souvenant des leçons de Mme de Coigny, répondit :

— Napoléon? la Régence? Bernadotte?... Ce serait une intrigue... La République?... Impossibilité... Les Bourbons seuls sont un principe.

Et alors, ces alliés qui, dit-on, ont ramené la Monarchie légitime dans leurs bagages, laissent encore voir toute leur hostilité pour les Bourbons et reprennent une à une toutes leurs vieilles objections contre le rétablissement de Louis XVIII !

— Nulle part sur notre route nous n'avons rencontré la manifestation du sentiment royaliste. Partout, au contraire, nous avons trouvé de l'aversion pour le retour à l'ancienne Monarchie. Il faut faire vite une chose solide, afin qu'une révolution nouvelle ne soulève pas le pays et que nous ne soyons pas obligés de recommencer. L'armée représente une force avec laquelle il faut encore compter. Eh bien ! l'attachement à l'empereur se retrouve au même degré dans les corps des nouvelles levées et dans les vétérans.

Talleyrand commençait à s'inquiéter de cette résistance, quand il eut l'idée de demander leur avis à de Pradt et à Louis. Les deux abbés, il faut le dire, firent preuve d'un grand bon sens.

— Si la France n'a pas montré son attachement à la Monarchie, dirent-ils, c'est qu'elle vivait jusqu'à ce jour dans la terreur d'un despote. Les négociations de Châtillon l'avait laissée dans l'incertitude. Napoléon pouvait en sortir aussi redoutable. Dès que Paris pourra se prononcer en toute indépendance, il se prononcera comme nòus-mêmes, comme Bordeaux, pour le roi légitime. Et la France suivra Paris, car depuis la Révolution le pays tout entier suit l'impulsion de la capitale.

— Mais, reprit Alexandre, quels moyens vous proposez-vous d'employer pour rétablir les Bourbons ?

— Ce sont les autorités constituées qui interviendront, répondit Talleyrand; je me porte fort pour le Sénat, à la condition toutefois que les sénateurs soient assurés que Napoléon et sa famille sont définitivement écartés.

Talleyrand savait bien jusqu'où peut aller le courage parlementaire.

— Puisqu'il en est ainsi, conclut le czar, nous ne traiterons plus ni avec Napoléon, ni avec un membre de sa famille.

Promesse bien peu solide qu'il consentit pourtant à laisser publier.

Talleyrand s'en empara et l'enregistra dans un manifeste. En même temps le Sénat était invité à se réunir pour désigner un gouvernement provisoire et préparer une nouvelle Constitution.

Deux heures après, le manifeste rédigé par Talleyrand était placardé sur les murs de Paris par les soins de deux royalistes, MM. Michaud.

Les camelots du roi se multipliaient.

Un royaliste, nommé Morin, s'adjugeait la surveillance des imprimeries et des journaux.

M. de Bourienne, avec un courage, une décision qui pouvaient lui coûter cher, — car qui est-ce qui répondait du lendemain ? — s'emparait de la direction des postes. Voilà un service dont il faut savoir user quand on entreprend un coup d'Etat.

Le matin, d'autres royalistes, du comité de Morfontaine, avaient organisé une manifestation qui étonna d'abord, provoqua même des protestations et des échanges de coups, mais rencontra surtout des approbateurs.

Deux cents royalistes environ, à pied ou à cheval, se réunirent place de la Concorde et arborèrent la cocarde blanche aux cris de *Vive le Roi !* Ils parcoururent les rues, acclamant toujours les Bourbons et distribuant des insignes, des écharpes et des proclamations royalistes.

Leur troupe se grossissait à chaque tournant de rues.

C'est à ce moment que se place l'incident Maubreuil qu'on a tant exploité.... Maubreuil, un gredin de tout premier ordre, qui

six semaines auparavant offrait à Napoléon de lever un corps
franc pour combattre les royalistes, s'était glissé parmi les
manifestants. Il attacha sa croix de la Légion d'honneur à la
queue de son cheval.... Mais ce qu'on ne dit pas, c'est que
M. de Semallé qui, lui, était commissaire de *Monsieur* et portait
les instructions du prince, manifesta immédiatement son indignation, menaça Maubreuil de son sabre, saisit la décoration et
l'arbora à sa boutonnière.

Et ce n'était pas seulement les Morfontaine, les Montmorency,
les la Rochefoucauld, les de Crismoy les de Lévis, les de Fitz-
James et les Pimodan qui criaient : *A bas le tyran!* et *Vive le
Roi!* sans attendre les effets de la petite procédure imaginée par
M. de Talleyrand.

Avant même la réunion du Sénat — *et ici la chronologie a une
importance capitale* — le conseil municipal de Paris et le conseil général de la Seine se réunissaient d'urgence et déclaraient,
à l'unanimité de leurs membres présents, que Napoléon devait
être traité en ennemi public, qu'aucune obéissance ne lui était
plus due, et exprimaient le vœu le plus ardent pour que le
gouvernement monarchique soit rétabli dans la personne de
Louis XVIII et de ses successeurs légitimes.

C'était aller trop vite au gré de M. de Talleyrand qui, jaloux
de rester maître des événements, s'opposa à la publication im-
médiate de cet ordre du jour.

Le lendemain 2 avril — toujours avant la délibération du
Sénat, — la Cour de cassation, la Cour impériale, le Tribunal de
première instance, le Barreau de Paris, la Chambre des avoués,
la Cour des comptes, l'Institut, le Conseil de préfecture de la
Seine, les maires et adjoints de Paris — ceux-là n'avaient eu
aucune entrevue avec les alliés — demandaient avec la même
spontanéité que la France soit replacée sous le sceptre antique
et vénéré des descendants d'Henri IV.

A 3 heures 1/2 de l'après-midi du même jour 2 avril, le Sénat
nommait le gouvernement provisoire, et le soir, à 9 heures,
après avoir entendu le rapport de Talleyrand, rendait le sénatus-consulte de déchéance sans qu'aucune protestation se soit
élevée.

Le lendemain 3 avril, le Corps législatif, considérant que
Napoléon avait violé le pacte constitutionnel, se prononçait à
son tour dans le même sens.

DERNIER EFFORT
DE LA DIPLOMATIE IMPÉRIALE

Le programme de M. de Talleyrand était rempli. Mais si Napoléon était renversé, la Monarchie de Louis XVIII n'était pas restaurée.

Or, Napoléon mit à profit ces retards : Après l'aubade que lui avaient donnée ses maréchaux à Fontainebleau, il s'était décidé à abdiquer... mais à abdiquer en faveur de son fils, et il avait envoyé Caulaincourt, Ney et Macdonald faire part aux alliés de ses nouvelles dispositions.

Quel accueil le czar réserve-t-il à cette ambassade ? Va-t-il l'éconduire, comme l'indiquerait l'engagement qu'il a pris ?

Pas du tout... il la reçoit immédiatement, et pendant deux heures il écoute Macdonald plaider la cause de la dynastie impériale !... Il en est tout ébranlé et va probablement consentir à recommencer ses sempiternelles négociations avec l'empereur, quand on vient lui annoncer que le corps de Marmont est en train de battre en retraite.

— Messieurs, dit-il en se retournant vers les maréchaux, vous prétendez vous appuyer sur l'inébranlable attachement de l'armée : l'avant-garde de l'empereur passe en ce moment nos lignes pour gagner Rambouillet.

C'est ce qu'on a appelé la défection de Marmont, ce pelé, ce galeux, chargé de tous les crimes de lèse-empire.

Cette « défection », du moins, va-t-elle briser définitivement tout espoir d'entente avec Napoléon ?

Pas encore !!... M. Houssaye lui-même l'avoue : Alexandre promit à Caulaincourt une nouvelle audience pour le lendemain !

L'audience n'eut pas lieu, c'est vrai, mais cela ne vint ni d'Alexandre, ni de ses alliés.

Ainsi donc, après que le Sénat, le Corps législatif, les grands corps de l'Etat, la population parisienne se sont déclarés pour la déchéance... le czar... chef incontesté de la coalition, est encore disposé, malgré ses engagements, à de nouvelles tractations avec l'Empereur.

Pour prétendre après cela que la coalition étrangère favorisa la Restauration, ne faut-il pas être... ou un ignorant... ou un menteur ?

Enfin, le 6 avril, le Sénat déclara que le peuple français appelait librement au trône Louis-Stanislas-Xavier, frère du dernier roi.

OUF !

Un jour Napoléon demandait à Ségur :

— Que dira-t-on de moi quand je ne serai plus là ?

Ségur commençait à dépeindre l'immense douleur dont la nation serait saisie quand Napoléon l'arrêta net :

— Pas du tout, dit-il, ce n'est pas cela, on dira : Ouf !!

Il avait prévu juste....

Les manifestations de l'esprit public ne laissent en effet aucun doute sur ses dispositions. Ce fut de l'enthousiasme. Les documents abondent pour le prouver.

Je n'en citerai qu'un. Il est postérieur aux événements. Je le choisis, parce qu'il est tiré d'un mémoire où Carnot se répandait en récriminations amères contre le gouvernement et l'entourage du roi.

« Le retour des Bourbons, écrivait-il, produisit en France un
» enthousiasme universel. Ils furent accucillis avec une effusion
» de cœur inexprimable. Les anciens républicains partageaient
» sincèrement les transports de la joie commune. Napoléon les
» avait tant opprimés, toutes les classes de la société avaient
» tellement souffert qu'il ne se trouvait personne qui ne fût vrai-
» ment dans l'ivresse. »

Dès que le vote du sénatus-consulte de déchéance fut connu, ce fut une lutte de vitesse entre les fonctionnaires de tous ordres qui se rendaient à Paris.... Ce fut à qui apporterait avant les autres son dévouement au roi... Il en sera certainement de même la prochaine fois.

L'archichancelier Cambacérès envoya de Blois — avant même que l'impératrice en soit partie — son adhésion chaleureuse au nouveau gouvernement !

Les troupes seules, à Mayenne notamment, restaient attachées à l'empereur. Mais les généraux, les maréchaux leur adressaient des proclamations pour leur rappeler, à l'exemple de Soult, que l'armée, essentiellement obéissante et nationale, devait se dévouer désormais au nouveau roi appelé par le vœu de la nation.

Ces proclamations remplissaient *le Moniteur*.

L'une d'elles, celle d'Augereau, est terrible pour Napoléon. Napoléon « qui, disait-il, après avoir immolé des milliers de victimes à sa cruelle ambition, *n'a pas su mourir en soldat* » !

LE ROI EN FACE DE L'ÉTRANGER

Louis XVIII chassé tour à tour de Coblentz par les armées de la République, de Vérone par le gouvernement vénitien, du camp de Condé par l'Autriche, de Blankenberg par le roi de Prusse — ce qui par parenthèse montre jusqu'à quelles limites l'étranger fut secourable aux Bourbons proscrits, — Louis XVIII chassé de villes en villes, d'Etats en Etats, avait fini par trouver un abri au château d'Hartwell, dans le comté de Buckingam.

Il avait vu bien des royalistes abandonner sa cause, et, dès 1804, se mettre en adoration devant le soleil levant. Le ralliement d'alors ne prouvait peut-être pas plus de clairvoyance que le ralliement des gribouilles d'aujourd'hui. Il était du moins immédiatement profitable ; il peut du moins s'expliquer par l'attirance, l'incomparable prestige militaire de Napoléon.

Malgré tout, les déserteurs de la Monarchie n'avaient pas été ceux qui avaient causé au roi les douleurs les moins vives.

Mais si, au milieu de ses pires épreuves, Louis XVIII avait peut-être quelquefois désespéré de sa destinée de chef de la Maison de France... « il n'avait jamais douté de son droit ».

Aussi ne fut-il pas autrement surpris quand, un matin de mars, une voiture dont le cocher et les chevaux portaient la cocarde blanche s'arrêta devant le château d'Hartwell.

M. de Tourzia, adjoint au maire de Bordeaux, en descendit. Il était porteur de dépêches du duc d'Angoulême et d'un message du comte Lynch, qui annonçait que Bordeaux avait proclamé son roi légitime.

Louis XVIII prit connaissance du message, puis, se levant de son fauteuil, il attira M. de Tourzia sur sa poitrine et l'embrassa.

L'accolade est restée dans les traditions des audiences royales....

Le roi répondit aussitôt au comte Lynch par une lettre pleine d'effusion.

Puis il attendit avec sérénité.

Il n'attendit pas longtemps.

Le matin de Pâques, avant l'aube, M. de Blacas, prévenu par un courrier de Londres, entrait précipitamment dans sa chambre, le réveillait, lui annonçait que la France réclamait ses princes, et que la Monarchie suppliciée le 21 janvier était aussi ressuscitée.

Il fit ses préparatifs de départ....

Mais avant même de les avoir terminés, il put distinguer la main de l'Etranger dans la fomentation des difficultés qui allaient se dresser devant lui.

Le Sénat avait bâclé une Constitution sans la participation, sans l'assentiment du prince.

Chose plus grave, il prétendait restaurer la Monarchie par l'élection, sans tenir compte du droit héréditaire.

Louis XVIII connaissait trop bien le principe fondamental de la Monarchie pour se laisser faire.

Pour les mêmes raisons que le comte de Chambord, il résista.

Et qui trouva-t-il tout de suite en face de lui ?

Pozzo-di-Borgo, le chargé d'affaire du czar, qui vint de Londres le relancer à Hartwell, et le presser de céder aux volontés des Fouché et des Talleyrand.

Dans le même dessein, le czar lui-même vit deux fois le roi dès son arrivée en France pour lui représenter qu'il devait accepter l'investiture du Sénat.

Alexandre, comme l'observe l'historien Daudet, prenait un malin plaisir à entretenir et à servir les défiances du Sénat.

Seulement l'accueil qu'il reçut lui fit comprendre que certaines questions se régleraient désormais en France, en dehors de leurs majestés les Princes-Coalisés.

Il s'en jugea atteint dans le prestige de sa victoire et se retira boudeur.

D'ailleurs, l'élan de l'esprit public vers la Monarchie, et, il faut bien le dire, la souplesse du prince, éludèrent tous les obstacles et assurèrent le succès du coup d'Etat.

Le roi, arrêté par sa mauvaise santé, avait nommé son frère lieutenant-général du royaume.

Le comte d'Artois était depuis plusieurs mois à Nancy, où les alliés supportaient sa présence avec impatience. C'est malgré eux qu'il y était resté.

Il se dirigea aussitôt vers la capitale sans plus se soucier des communications de l'empereur François l'invitant à venir au quartier général de Langres, que le roi son frère ne s'était soucié des conseils du czar.

Le 12 avril, il prit donc possession de Paris au nom du roi.

Il fit son entrée au milieu d'un enthousiasme indescriptible, à travers des rues pavoisées, au bruit des acclamations et des fanfares.

Dans cet auguste cortège, écrit un journal du temps, la France voyait avec bonheur les enfants des *héros d'autrefois et les héros dont elle s'honore aujourd'hui.*

Il y avait là, en effet, à côté des descendants de la Trémouille et des Montmorency, Serrurier, Kellerman, Ney, Marmont, Moncey.

Ce fut Ney, hélas! qui prit la parole. Il s'exprima ainsi :

« Nous avons servi avec zèle un gouvernement qui nous com- » mandait au nom de la France. Votre Altesse et Sa Majesté » verront avec quel dévouement nous saurons servir notre roi » légitime. »

Le prince répondit :

« Vous avez illustré les armées françaises, vous avez porté » dans les contrées les plus reculées la gloire du nom français, » à ce titre le roi revendique tous vos exploits... Tout ce qui a » été fait pour la France n'a jamais été étranger au roi... »

Vous connaissez ce langage, Mesdames et Messieurs, car c'est la paraphrase de notre devise : *Tout ce qui est national est nôtre....*

Le 3 mai, Louis XVIII fit à son tour son entrée à Paris. De Calais à Compiègne, de Compiègne à Saint-Ouën, de Saint-Ouën à Notre-Dame et aux Tuileries, son voyage ne fut qu'une longue ovation, au milieu d'une foule innombrable.

Ce roi aux cheveux gris, impotent, goutteux, revêtu de son uniforme bleu à épaulettes d'or, charma tous ceux qui l'approchèrent par l'affabilité de sa parole. Il impressionna profondément tous ceux qui le virent par la noblesse de son visage et la dignité de son maintien.

Il apparut dans une calèche découverte attelée de huit chevaux blancs. En face de lui étaient assis le prince de Condé et le duc de Bourbon, et à sa gauche la fille de Louis XVI, son Antigone, comme il aimait à appeler la duchesse d'Angoulême.

Autour de son carrosse on vit le duc de Berry et le comte d'Artois.

Il fut reçu par le comte de Chabrol, préfet de la Seine, les maires de Paris, le Conseil municipal, la Garde nationale, les généraux, les maréchaux..., des Français, rien que des Français..., pas un étranger..., pas même un fourgon.

Après le *Te Deum*, le cortège arriva à 6 heures aux Tuileries.

En entrant dans ce palais d'où elle était sortie vingt-trois ans plus tôt pour suivre ses parents au Temple, en reconnaissant cette chambre jadis occupée par la reine sa mère, Mme la duchesse d'Angoulême éprouva une telle émotion qu'elle s'évanouit. Quand elle revint à elle, Paris, tout à la joie, s'illuminait spontanément.

Une dernière remarque :

Les calomniateurs de Louis XVIII ont-ils au moins l'excuse de pouvoir dire que ce roi se montra faible et résigné vis-à-vis de l'Etranger, qu'il lui sacrifia la France, et que cela seul prouve qu'il avait une dette de reconnaissance personnelle à l'égard des souverains alliés ?

Non... On ne dit pas cela et on ne peut pas le dire, car la calomnie s'étalerait là sous un jour trop cru.

Au congrès de Vienne, Louis XVIII sut imposer le respect des intérêts de la France avec un éclat et un succès tels qu'il est impossible de décrier son œuvre.

Tout se disposait pour reléguer la France dans le vestibule du congrès, dit un adversaire, Alb. Sorel, Louis XVIII la ramena à une place d'honneur, son ancienne place.

La colère du czar en était réveillée : « M. de Talleyrand, disait-il, fait ici le ministre de Louis XIV !! »

Et en effet.... plutôt que de souscrire à l'humiliation nationale, plutôt que de sacrifier la Saxe qui s'était si longtemps montrée l'amie de la France, Louis XVIII écrivait à Talleyrand :

« Il faut faire voir qu'il y a quelque chose derrière !... Je vais
» donner des ordres pour que l'armée soit mise en état d'entrer
» en campagne. Dieu m'est témoin que loin de vouloir la guerre,
» mon désir serait de panser les plaies de l'Etat. Mais je veux
» par-dessus tout conserver intact l'honneur de la France.... Je
» veux aussi faire respecter mon caractère personnel et ne pas
» permettre qu'on puisse dire que je ne suis fort qu'avec les
» faibles.... Ma vie, ma couronne, ne sont rien pour moi, à côté
» d'intérêts aussi majeurs. »

Quelle leçon pour nos gouvernants qui ne sont forts et énergiques que devant les corps d'armée et l'artillerie du Vatican !

Quelle leçon pour les hommes de Faschoda et d'Algésiras, qui ont pris pour règle de conduite la même formule que le roi de France.... mais en la renversant, et pour lesquels l'intérêt et l'honneur de la France ne sont rien à côté de leur douze cent mille francs ou de la possession d'un portefeuille !

Le langage superbe de Louis XVIII est bien dans la tradition royale. De même qu'il est bien dans la tradition de la Maçonnerie Internationale d'accuser nos princes d'être des traîtres à la patrie.

Louis XVI et Marie-Antoinette, eux aussi, avaient été poursuivis des mêmes calomnies que Louis XVIII.

Veuillez me permettre, en terminant, de vous citer les recommandations que la reine Marie-Antoinette, emprisonnée au moment de l'invasion de 1792 et redoutant la victoire de l'étranger, adressait au baron Hue :

« Tout m'annonce que je vais être séparée du roi.... J'espère que vous resterez avec lui.... Comme Français, comme fidèle serviteur, pénétrez-vous des sentiments que vous devez lui exprimer et que je lui ai toujours manifestés. Rappelez au roi que jamais l'impatience de briser nos fers ne doit lui arracher aucun sacrifice indigne de sa gloire.... Surtout..., point de démembrement de la France ! Que sur ce point aucune considération ne l'égare ! Qu'il ne s'effraye ni pour ma sœur, Mme Elisabeth, ni pour moi.... Représentez-lui que toutes deux nous préférons plutôt voir notre captivité indéfiniment prolongée que d'en devoir la fin à l'abandon de la moindre place forte. »

Telle était celle que la canaille avait appris à appeler l'Autrichienne.

Le soir de l'assassinat de la reine, un sans-culotte écrivait à son frère, un conventionnel, alors éloigné de Paris :

« J'ai vu passer l'Autrichienne, l'infâme qui nous a vendus aux brigands prussiens.... La bête *féroche* avait les yeux altérés de sang.... »

Au fond, ce sinistre crétin, les sans-culotte de son époque, les respubliquains de la nôtre avec leurs fourgons de l'étranger ont la même mentalité.

Laval, 29 décembre 1909.

RÉFÉRENCES

1814, de H. Houssaye.

Histoire de la Restauration, Ern. Daudet.

Histoire de la Restauration, de Beauchamp.

Souvenirs de la Restauration, de Nettement.

Un roi et un diplomate, de Léon Lavedan (*Correspondant*).

La Restauration, par R. de Larcy (*Correspondant*).

Mémoires de Metternich et du chevalier de Gentz, cités par M. de Lupé.

Mémoires du baron de Vitrolles.

Souvenirs de M. de Sémallé.

Mémoires d'Aimée de Coigny.

Rapports du comte d'Anglès au roi, cités par F. de Lanzac de Laborie (*Correspondant*).

Mémoires du chevalier de Merlhiac.

Relation de l'abbé de Pradt.

Mémoires d'outre-tombe et de Buonaparte et des Bourbons, de Chateaubriand.

40575 — Laval, imprimerie Chailland, rue des Béliers, 2.

www.ingramcontent.com/pod-product-compliance
Lightning Source LLC
Chambersburg PA
CBHW061315050726

47594CB00004B/1716